LE P. CLERC

PROVICAIRE

DU SU-THUEN MÉRIDIONAL

SIMPLE NÉCROLOGIE

PAR

M. l'abbé PIERFITTE

LANGRES

IMPRIMERIE ET LIBRAIRIE RALLET-BIDEAUD

3, rue de l'Homme-Sauvage, 3

1885

LE P. CLERC

PROVICAIRE

DU SU-THUEN MÉRIDIONAL

SIMPLE NÉCROLOGIE

PAR

M. l'abbé PIERFITTE

LANGRES

IMPRIMERIE ET LIBRAIRIE RALLET-BIDEAUD

3, rue de l'Homme-Sauvage, 3

—

1885

SOUVENIR

DE LA CÉRÉMONIE FAITE A FRESNES—SUR—APANCE

LE 31 AOUT 1885

LE P. CLERC

Provicaire du Su-Thuen Méridional

Les missionnaires sont l'honneur de notre siècle, en attendant qu'ils soient son salut. Ce siècle, sceptique et railleur, le sent vaguement : en face du missionnaire il s'incline encore, tout étonné de se retrouver du respect pour quelque chose. C'est qu'au milieu de l'abaissement général, le missionnaire a gardé la taille d'un homme.

Être un héros comme le monde l'entend, c'est trop aisé; les évènements font les trois quarts de la besogne. Donner même sa vie pour acquérir un nom, c'est facile au soldat; mais affronter la mort

> ..... Non cette mort qui plaît à la victoire,
> Qui vole avec la foudre et que pare la gloire;

mais la mort simple, ignorée, sans éclat; mais mourir pour un sauvage. Voilà l'héroïsme dans ce qu'il a de plus sublime. Ce fut le rêve du P. Clerc.

Julien-Nicolas Clerc naquit à Fresnes-sur-Apance le 14 décembre 1844. Son curé fut son premier maître; il jeta dans cette jeune âme les semences des fortes vertus, et l'envoya au Petit-Séminaire de Langres pour achever ses études. Sous le brillant élève perçait déjà l'homme, et le vénérable M. Manois l'inscrit avec cette note : « Bonne tête et bon cœur. Caractère énergique et capable de grandes choses. Sera un prêtre distingué. »

Ses humanités finies, il prit son diplôme de bachelier.
Au Grand-Séminaire les qualités sérieuses s'accusent et
la volonté se trempe. On sent qu'il sera quelqu'un, et l'éminent supérieur le signale comme un « jeune homme sérieux, très ardent pour l'étude et fort régulier. » (Communiqué par M. Ravry, vicaire-général.)

A 21 ans il était prêtre et Dieu lui fit entendre sa voix.
Julien Clerc était une de ces natures généreuses qui ont
soif de dévouement. Tout jeune il avait rêvé des missions ;
mais qui de nous n'a pas fait de ces rêves dans la ferveur
d'une retraite ? Il voulut donc éprouver sa vocation et le
fit avec la maturité qu'il apportait en tout ; mais quand il
fut sûr de lui, rien ne put l'arrêter. Hâtons-nous d'ajouter
que ses parents n'y songèrent point, et plus tard il écrira
à sa sœur : « Ce matin, dans ma préparation à la messe,
je songeais à tout ce que mon père a fait pour moi, aux
peines incroyables qu'il s'est données, ainsi que notre
bonne mère pour achever mon éducation, et à la générosité de leur sacrifice, et je me demandais si je n'étais pas
tenu d'une manière plus spéciale d e me donner corps et
âme à une vocation qui est le résultat de tant de fatigues
et qui a été achetée pour ainsi dire au prix de la vie de
mes parents. » (Lettre du 24 novembre 1876.)

Que ne pouvons-nous citer aussi la lettre qu'il écrivait
à ses parents pour leur annoncer qu'il voulait être missionnaire, elle fait autant d'honneur à ceux-ci qu'à leur
fils : « Mettez-vous à genoux et priez, disait-il, car tout
est décidé. » Le 22 août 1866 il frappait à la porte des missions étrangères (1) où bientôt, écrit le supérieur de la
Maison, « il fut regardé comme un des meilleurs sujets
par ses condisciples et par ses maîtres. »

Ordonné prêtre le 12 mai 1869, il reçut la destination
du Su-Thuen méridional. Avant de s'embarquer il vint

(1) Et il n'y frappait pas seul, quatre de ses amis. de son cours l'accompagnèrent où le suivirent, M. Fiot, l'apôtre du Laos, qui mourut après une mission héroïque ; le P. Godard et le P. Ravier, missionnaires au Tonkin : le P. Lorain, au Su-Thuen Oriental.

passer quelques jours à Fresnes, chanter sa première messe et embrasser une dernière fois ses vieux parents. Ce fut une touchante cérémonie : M. le curé de Melay, un missionnaire aussi, qui semble fait pour évangéliser les sauvages de la civilisation, fit les adieux au jeune apôtre, puis se tournant vers le peuple : « Paroisse de Fresnes, s'écria-t-il d'une voix vibrante, jadis tu fus le refuge des missionnaires proscrits et Dieu t'a bénie ; tu leur as donné asile et le Seigneur te rend féconde, voilà que les missionnaires poussent sur ton sol : honneur à toi !... »

Oui, honneur à elle ! car le missionnaire était de la race des martyrs. Nous avons hâte d'arriver à sa mort, et cependant sa vie fut pleine d'œuvres. En quelques mois le P. Clerc avait appris la langue la plus difficile du monde et abordait le ministère. On le vit plus tard posséder à fond la littérature chinoise, devenir un véritable *lettré*, et rendre de grands services à la mission. Nous sortirions des bornes d'un article nécrologique en les signalant ici. Ce doit être la tâche d'un autre qui le fera mieux que nous, et montrera que le neveu est digne de l'oncle (1) selon le mot de Léon Gautier.

Nous voulons cependant cueillir dans cet apostolat de 16 ans deux souvenirs que nous disposerons, comme deux immortelles sur sa tombe. D'abord c'est au P. Clerc, à la prudence consommée du diplomate ; à l'énergie et à l'ascendant moral de l'homme que le district de Sou-Théou dut un jour d'échapper aux horreurs de la persécution Que de chrétiens lui doivent la conservation de la fortune et de la vie ! Et si Sou-Théou possède aujourd'hui un établissement modèle où l'on trouve groupés des hôpitaux, des écoles, une chapelle, etc., c'est encore au Père Clerc qu'il en rend grâce. Pendant dix ans il se fit quêteur puis architecte, sculpteur : en 1876 il eut plusieurs mois jusqu'à 160 ouvriers. Le plan, que nous avons sous

(1) M. Jules Viard est l'un des premiers élèves de l'école des Chartes.

les yeux, révèle des aptitudes fort remarquables. Que de malheureux bénissent le nom du P. Clerc!

Après cela ne soyons pas surpris qu'il ait acquis une grande situation dans une ville de cent mille âmes. Depuis longtemps il avait été élevé à la dignité de provicaire apostolique; et déjà même, c'est le P. Cottin, procureur du Su-Thuen qui l'écrit « l'on aimait à se reposer sur le cher défunt pour l'avenir de la mission » quand la famine arriva, traînant après elle un autre fléau.

Dans sa lettre du 3 mai dernier (sa dernière, hélas!) le P. Clerc nous donne des détails navrants sur ces fléaux. Les victimes de la faim se comptent par centaines et celles de la fièvre typhoïde par milliers (plus de 10,000 pour la ville.) Beaucoup se nourrissent de feuilles cuites à l'eau, d'autres de paille de riz hachée, voir même de terre glaise, et meurent « obstrués. » On vend les femmes par centaines sur les marchés à des maquignons...

Avez-vous jamais souffert de ne pouvoir arrèter le mal ou faire le bien qu'à demi? Alors vous connaissez l'angoisse du missionnaire. Il se multiplie pour apporter partout un soulagement ou une consolation et s'installe nuit et jour au chevet des malades. C'est là qu'il devait trouver la mort et tomber comme un soldat, sur la brèche.

Atteint le 12 mai, il se mit au lit le 13; le lendemain, jour de l'Ascension, il fit un effort suprême pour célébrer la sainte Messe. Le soir il fut appelé près de deux mourants et n'hésita pas à s'y faire porter, car déjà il ne pouvait plus se tenir debout. Le 15, un prêtre accourut à son secours. Les médecins luttèrent contre le mal jusqu'au 20. Quand tout espoir fut perdu, le malade reçut les derniers sacrements et bénit ses chrétiens désolés. Le 22, a midi, le P. Clerc n'était plus... Il y avait 16 ans jour pour jour, heure pour heure, qu'il était prêtre et missionnaire.

« Pendant trois jours les chrétiens ont prié près de la dépouille mortelle de leur Père bien-aimé, nous écrit

M. Gatzelu (1); puis le corps a été transporté au cimetière de la mission, à trois journées d'ici. Huit chrétiens l'ont accompagné sur la barque et plus de trois cents jusqu'au fleuve... En deux jours, les chrétiens de la ville ont apporté plus de 25 ligatures pour lui faire dire des messes et à Sû-Fou (2) une dizaine : les plus pauvres se cotisaient dans cette intention (et prenaient sur leur pauvre nourriture!)... Ils sont venus en grand nombre depuis Sû-Fou et tous en grand deuil, accompagner le corps à sa dernière demeure. Le vicaire apostolique a donné l'absoute .. Nous étions sept confrères européens pour cette triste circonstance. »

Le 31 août, douze prêtres et parmi eux M. le doyen de Bourbonne, venaient à Fresnes s'associer à la douleur de la famille en deuil et aux larmes de ce vénérable prêtre qui lui servait de père depuis si longtemps. Dans l'église une foule recueillie, plus de 300 personnes, des hommes en grand nombre, émus. Ah! c'était un beau témoignage et spontanément rendu. Ils sentaient qu'un missionnaire honore son pays, que sa mort est un deuil public. Plusieurs versaient des larmes.

Le chœur, décoré par M. l'abbé Thiébaut, avait grand air, avec ses tentures blanches que surmontait si heureusement le chiffre du martyr de la charité avec une couronne de larmes. Au-dessous un catafalque de même couleur, au milieu de lumières, de verdure, de fleurs blanches et rouges. Le blanc et le rouge, l'innocence de la vie, l'héroïsme de la mort, voilà les couleurs du missionnaire. N'est-ce pas encore un enseignement pour nous tous ? Pour nous aussi la vie est un combat de chaque jour; pour nous aussi la robe du baptême doit être tachée de sang, si nous ne voulons pas qu'elle soit tachée de fange.

(1) Datée de Sou-Théou, 2 juin 1885.
(2) District visité autrefois par le P. Clerc, et résidence actuelle du vicaire apostolique.

Pendant que nous nous livrons à ces réflexions, M. le curé de Melay est monté en chaire; il dit qu'on ne loue point le missionnaire avec des paroles, mais avec des faits. *Res, nec verba.* Il donne successivement lecture des notes du petit et du grand Séminaire, des témoignages des missions étrangères et de Sou-Théou, puis il énumère les œuvres apostoliques du défunt et ainsi, sans phrase, lui tresse la plus belle couronne que nous ayons jamais vu déposer sur un cercueil. L'émotion fut au comble quand, se tournant vers le vénérable pasteur, il ajoute que cette couronne il la déposait sur ses cheveux blancs. Nous regardons le vieillard, entouré des trois prêtres, des trois élèves qui lui restent, et nous disons avec eux : « Puisse-t-il la porter encore longtemps! »

Finissons par un des témoignages lus en chaire, celui du P. Armbruster, secrétaire du conseil des Missions étrangères : « Dieu, en l'appelant à lui nous impose un grand sacrifice. Par ses talents, par ses vertus et ses autres qualités, M. Clerc avait déjà rendu de grands services et était appelé à en rendre de plus grands encore à l'œuvre à laquelle il s'était consacré. Sa mort laissera un grand vide dans la mission dont il était un des meilleurs ouvriers et au gouvernement de laquelle la confiance de ses supérieurs l'avait appliqué. » (1).

...« Sa perte est pour nous irréparable, autant que le sont les choses humaines! » écrit M. Gatzelu. Le vide qu'il laisse dans la famille n'est pas moins grand, et nous répéterons à tous ceux qui le pleurent la parole si chrétienne de M. Léon Gautier au neveu du cher défunt : « Vous le reverrez *certainement.* »

L'abbé Pierfitte.

(1) Il était provicaire apostolique, c'est-à-dire vicaire général, et serait évidemment arrivé à l'épiscopat.

LANGRES. — IMP. RALLET-BIDEAU

www.ingramcontent.com/pod-product-compliance
Lightning Source LLC
LaVergne TN
LVHW010254060726
842527LV00007B/2767